Het Haakboek voor Beginners
Gedetailleerd Haakpatroon
11 Haakvrienden

Attentie

De moeilijkheidsgraad is geschikt voor beginners met weinig haakervaring.
De hoogte van het afgewerkte speelgoed is 18 tot 24 cm*.
*De grootte van het afgewerkte speelgoed kan variëren afhankelijk van de gebruikte materialen en haakwerk.

Inhoud

Kuiken

Gereedschap en Materialen

1. Garen YarnArt Jeans /55% katoen, 45% acryl, 50g/160m/
Kleur nr: 01 – wit, 35 – geel, 53 – zwart, 77 – oranje
2. Haaknaald nr. 2,25 mm
3. Naald voor het naaien
4. Ogen d=10 mm, 2 stuk /**Er worden altijd plastic poppenogen gebruikt, vooraf gekocht in een handwerkwinkel/**
5. Vulling /holle vezels of synthetisch/
6. Schaar

Afkortingen

MR – Magische Ring
Lm – Losse
V – Vaste
St – Stokje
T – Meerdering
A – Afname
/..../ .. keer – dit betekent dat de tussen haakjes aangegeven handelingen zo vaak herhaald worden als achter * aangegeven.
/X/ - het getal tussen haakjes aan het einde van elke Toer geeft het totale aantal vasten/lossen in die Toer aan. Met gebruik van de opgegeven materialen meet het speelgoed 18 cm in de hoogte.
Opmerking
Het speelgoed wordt in een spiraal gehaakt. Sluit de losse niet aan het einde van de Toer en keer het werk niet om, tenzij anders vermeld. Vul het speelgoed stevig zodat het zijn vorm niet verliest. U kunt elk ander garen en haaknaald gebruiken, maar de grootte van het speelgoed kan veranderen.

Hoofd

Haken met garen YarnArt Jeans nr. 35 /geel/
Vul het hoofd met vulmateriaal terwijl u het haakt en vormt.
1 Toer. 6 V in MR
2 Toer. 6 T /12/
3 Toer. /V, T/ *6 /18/
4 Toer. /2 V, T/ *6 /24/
5 Toer. /3 V, T/ *6 /30/
6 Toer. /4 V, T/ *6 /36/
7-9 Toer. 36 V/3 Toer./
10 Toer. /5 V, T/ *6/42/

11-12 Toer. 42 V /2 Toer./
13 Toer. /6 V, T/ *6 /48/
14-15 Toer. /2 Toer./ 48 V
16 Toer. /7 V, T/ *6 /54/
17-19 Toer. 54 V /3 Toer./
20 Toer. /7 V, A/ *6 /48/
21 Toer. 48 V 22 Toer. /6 V, A/ *6 /42/
23 Toer. 42 V
24 Toer. /5 V, A/ *6 /36/
25 Toer. 36 V
26 Toer. /4 V, A/ *6 /30/
27 Toer. /3 V, A/ *6/24/ Haak 1 lm, laat een lang uiteinde /ongeveer 15 cm/ over om het hoofd aan het lichaam te naaien en knip de draad af. Plaats de ogen tussen de Toer. 14 en 15 op een afstand van 6 V.

Snavel

Haken met garen YarnArt Jeans nr. 77 /oranje/
De snavel hoeft niet gevuld te worden met vulmateriaal.
1 Toer. 6 V in MR
2 Toer. /V, T/ *3 /9/
3 Toer. /2 V, T/ *3 /12/
4 Toer. /3 V, T/ *3 /15/
Laat een lang uiteinde van de draad over om de snavel aan het hoofd te naaien.

Bonnet /3 stuks/

Haken met garen YarnArt Jeans nr. 77 /oranje/
10 Lm opzetten, 3 V/in één steek/, V en zo verder haken tot het einde van de Toer.
Laat een lange draad over om aan het hoofd te naaien.

Vleugels /2 stuks/

Haken met garen YarnArt Jeans nr. 35 /geel/
Vul de vleugels niet met vulmateriaal.
1 Toer. 6 V in MR
2 Toer. 6 T /12/
3 Toer. 12 V
4 Toer. /V, T/ *6 /18/
5-6 Toer. 18 V
7 Toer. /2 V, T/ *6 /24/
8-16 Toer. /9 Toer./ 24 V
17 Toer. /2 V, A/ *6 /18/
18-19 Toer. /2 Toer./ 18 V
20 Toer. /V, A/ *6 /12/
Vouw het werk dubbel en haak aan beide zijden 6 V samen.
Bevestig de draad, knip af en verberg in de vleugel.

Benen /2 stuks /

Haken met garen YarnArt Jeans nr. 77 /oranje/

Vul het been tijdens het haken. Het bovenste deel van de voet is niet gevuld met vulmateriaal.

1 Toer. 6 V in MR
2 Toer. 6 T /12/
3 Toer. /V, T/ *6 /18/
4-6 Toer. /3 Toer./ 18 V
7 Toer. /V, A/ *6 /12/
8-11 Toer. /4 Toer./ 12 V

Verander de kleur van de draad naar wit /01/

12-14 Toer. /3 Toer./ 12 V Vouw het stuk dubbel en haak beide zijden samen met 6 V.

Lichaam

Haken met garen YarnArt Jeans nr. 01 /wit/

Vul het lichaam met vulmateriaal terwijl u haakt.

1 Toer. 6 V in MR
2 Toer. 6 T /12/
3 Toer. /V, T/ *6 /18/
4 Toer. /2 V, T/ *6 /24/
5 Toer. /3 V, T/ *6 /30/
6 Toer. /4 V, T/ *6 /36/
7 Toer. /5 V, T/ *6 /42/ Bevestig de benen aan het lichaam.
8 Toer. 6 V /met het eerste been/, 20 V /lichaam/, 6 V /met het tweede been/, 10 V /lichaam/ /42/
9 Toer. /6 V, T/ *6 /48/
10 Toer. /7 V, T/ *6 /54/

11-14 Toer. 54 V

Verander de draadkleur naar /35 geel/

15 Toer. 54 V /in de achterste lus/

16 Toer. /7 V, A/ *6 /48/

17-18 Toer. 48 V

19 Toer. /6 V, A/ *6 /42/

20-22 Toer. 42 V /3 Toer./

23 Toer. /5 V, A/ *6 /36/

24-26 Toer. 36 V

27 Toer. /4 V, A/ *6 /30/ Bevestig de vleugels aan het lichaam

28 Toer. 4 V /op het lichaam/, 6 V /op de eerste vleugel/, 10 V /op het lichaam/, 6 V /op de tweede vleugel/, 4 V /op het lichaam/ /30/.

29 Toer. /3 V, A/ *6 /24/

30 Toer. 24 V, 1

Hstk haken Bevestig de draad, knip af en werk weg.

Montage en Speelgoedontwerp

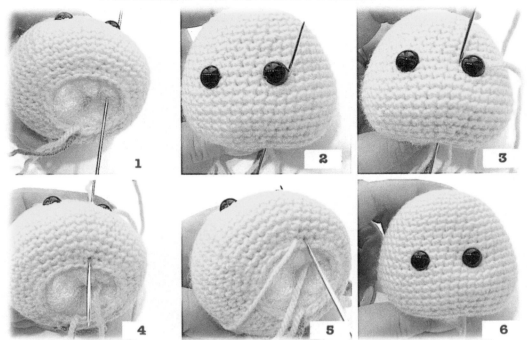

1. Gebruik een gele draad en steek met de naald in de binnenkant van het hoofd /Foto 1/. Steek de naald in het rechteroog aan de rechterkant in het midden /Foto 2/. Laat het onderste uiteinde van de draad beneden hangen.

2. Steek vervolgens de naald vanaf de linkerkant van het oog in dezelfde Toer. /Foto 3/ en kom uit aan de onderkant in de Toer. 25-26 onder de mond /Foto 4/. Trek de draad een beetje aan. Probeer de draad zo onder het oog te plaatsen dat hij niet zichtbaar is.

3. Steek vervolgens de naald in een aangrenzende steek in dezelfde Toer links of rechts /Foto 5/ en Toerg de naald weer door het oog aan de rechterkant. Steek de naald dan naar links en haal de naald uit het hoofd. Trek de draad een beetje aan zodat het oog wat dieper komt te liggen. Het rechteroog is klaar. /Foto 6/.

4. Steek vervolgens de naald in het linkeroog aan de rechterkant /Foto 7/ en doe hetzelfde als met het rechteroog /Foto 8-14/. Maak een knoop en verberg de draden in de binnenkant van het hoofd.

Borduren van Het Oogwit

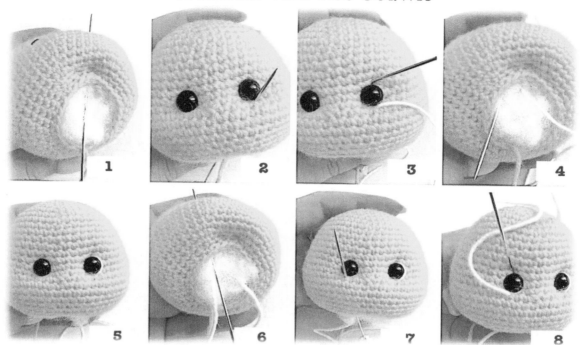

1. Neem een naald met witte draad, steek deze in de binnenkant van het hoofd /Foto 1/ en haal deze weer uit het rechteroog vanaf de onderkant in het midden /Foto 2/.
2. Steek vervolgens de naald boven het oog in, eveneens in het midden, en trek de naald terug onder het hoofd /Foto 3,4/.
3. Doe hetzelfde met het andere oog als met het rechteroog /Foto 6,7,8/.
Borduur de wenkbrauwen en naai de snavel vast.

Borduur met zwart garen de wenkbrauwen tussen de Toer. 9 en 12 met 6 V. Naai de snavel vast tussen de Toer. 14 en 19.
Naaien aan de muts

Rock

Haken met garen YarnArt Jeans Nr.01 /wit/

1. Bevestig het witte garen aan de laatste Toer van het witte haakwerk. Steek de haaknaald van onderen in de steek /Foto 1/ en haak 2 losse /Foto 2/
2. Haak 3 stokjes /in één steek/, 1 halve vaste, vaste, 2 keerlossen /Foto 3,4,5,6/ en haak op deze manier tot het einde van de Toer /Foto 7/
3. Naai de rok aan de romp, zoals getoond op foto 8,9.
4. Borduur de borst met oranje garen /Foto 10/

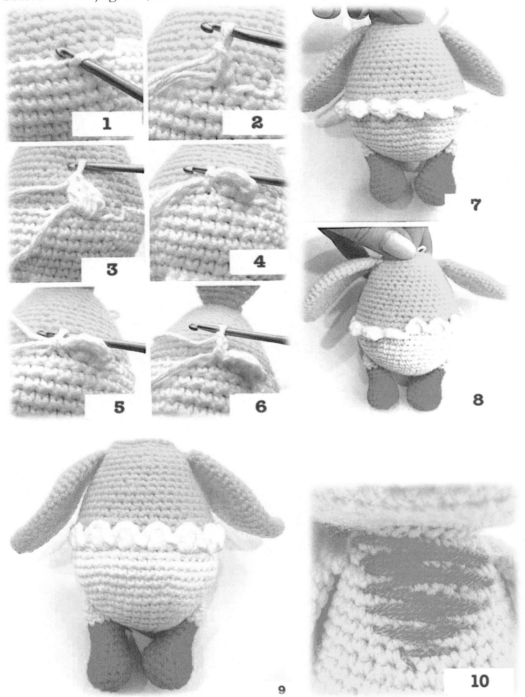

Naai het hoofd aan het lichaam
Haken met garen YarnArt Jeans Nr.01 /wit/
1 Toer. 6 vaste in magische ring
2 Toer. 6 meerderingen /12/
3 Toer. /vaste, meerdering/*6/18/
4 Toer. /2 vaste, meerdering/*6/24/
5-8 Toer. /4 Toer./ 24 vaste
9 Toer. /2 vaste, mindering/*6/18/
10-11 Toer. /2 Toer./ 18 vaste
12 Toer. /vaste, mindering/ *6/12/
13 Toer. 6 minderingen
Vul het ei met vulmateriaal en bevestig het aan het kuiken.

Giraffe

Gereedschap en Materialen

1. Garen YarnArt Jeans /55% katoen, 45% acryl 50g/160m/

Kleur nr:

01 /wit/ - voor de ogen

53 /zwart/ - voor wenkbrauwen en neusgaten

74 /roze/ - voor de kraag

87 /beige/ - basis /180m/

71 /bruin/ - voor vlekken

2. Haaknaald nr. – 2mm of 2,25mm

3. Ogen d=10-12mm, 2 stuks

4. Decoratieve knoop 1 stuk

5. Vulmateriaal /holle vezels of synthepon/

6. Schaar

7. Naald om te naaien

Afkortingen

hv - halve vaste

V - vaste

MR - magische ring

L - losse

DSTK - dubbelstokje

Meerdering - meerdering

Minderen - minderen

/.../ .. keer - dit betekent dat de tussen haakjes aangegeven handelingen zo vaak herhaald worden als achter * aangegeven.

/X/ - het getal tussen haakjes aan het einde van elke Toer geeft het totaal aantal vasten/lossen in die Toer aan. Met gebruik van de aangegeven materialen meet het speelgoed 29 cm in de hoogte.

Opmerking

Het speelgoed wordt in een spiraal gehaakt. Sluit de halve vaste niet aan het einde van de Toer en keer het werk niet, tenzij dit is aangegeven. Vul het speelgoed stevig op, zodat het zijn vorm niet verliest. U kunt elk ander garen en elke andere haaknaald gebruiken als u dat wilt, maar de grootte van het speelgoed kan veranderen.

Hoofd

Häkeln mit Garn YarnArt Jeans Nr. 87 /beige/

Füllen Sie den Hoofd mit Füllmaterial, während Sie häkeln.

1 Toer. 6 V in MR

2 Toer. 6 meerderingen /12/

3 Toer. /V, meerdering/ *6 /18/

4 Toer. /2 V, meerdering/ *6 /24/

5 Toer. /3 V, meerdering/ * 6 /30/

6 Toer. /4 V, meerdering/ *6 /36/

7 Toer. /5 V, meerdering/ *6 /42/

8 Toer. /6 V, meerdering/ *6 /48/

9 Toer. /7 V, meerdering/ *6 /54/

10-11 Toer. /2 Toer./ 54 V

12 Toer. /8 V, meerdering/ *6 /60/

13-15 Toer. /3 Toer./ 60 V

16 Toer. /9 V, meerdering/ * 6 /66/

17-20 Toer. /4 Toer./ 66 V

21 Toer. /10 V, meerdering/*6 /72/

22-26 Toer. /5 Toer./ 72 v
27 Toer. /10 v, minderen/ *6 /66/
28 Toer. 66 v
29 Toer. /9 v, minderen/ *6 /60/
30 Toer. 60 v
31 Toer. /8 v, minderen/ *6 /54/
32 Toer. 54 v
33 Toer. /7 v, minderen/ *6 /48/
34 Toer. /6 v, minderen/ *6 /42/
35 Toer. /5 v, minderen/ *6 /36/

1 hv haken, laat een lang einde /ongeveer 15 cm/ over om het hoofd aan het lichaam te naaien, en knip de draad af. Plaats de ogen tussen de Toer. 17 en 18 op een afstand van 8 v. Vul het hoofd met opvulmateriaal nadat u de ogen hebt geplaatst. Verdeel het opvulmateriaal in de vorm van het hoofd. Het hoofd moet niet rond zijn. Zorg ervoor dat de vulling ook achter de wangen wordt verdeeld!

Oren /2 stuks/

Haken met YarnArt Jeans nr. 87 /beige/
1 Toer. 6 v in MR
2 Toer. /v, meerdering/ *3 /9/
3 Toer. 9 v
4 Toer. /2 v, meerdering/ *3 /12/
5 Toer. /v, meerdering/ *6 /18/
6 Toer. 18 v
7 Toer. /2 v, meerdering/ /24/
8-9 Toer. /2 Toer./ 24 v
10 Toer. /2 v, minderen/ *6 /18/
11 Toer. 18 v
12 Toer. /v, minderen/ *6 /12/

Vouw het werk doormidden en haak 6 v samen aan beide kanten. Vouw dan weer doormidden en haak beide zijden weer met 3 v samen. Laat het lange uiteinde van de draad staan om de oren aan het hoofd te naaien.

Hoorns /2 stuks/

Begin met haken met GarnArt Jeans nr. 71 /bruin/

1 Toer. 6 v in MR

2 Toer. 6 meerderings /12/

3 Toer. /v, meerdering/ *6 /18/

4-5 Toer. /2 Toer./ 18 v

6 Toer. /v, minderen/ *6 /12/

Verander de draadkleur naar 87 /beige/

7-11 Toer. /5 Toer./ 12 v

Laat aan het einde van het haken het lange uiteinde van het garen staan om de hoorns aan het hoofd te naaien. Vul ze met opvulmateriaal terwijl ze worden genaaid.

Neus

Haken met YarnArt Jeans nr. 87 /beige/

1 Toer. 6 v in MR

2 Toer. 6 meerderings /12/

3 Toer. /v, meerdering/ *6 /18/

4 Toer. /2 v, meerdering/ *6 /24/

5 Toer. /3 v, meerdering/ * 6 /30/

6 Toer. 30 v

Laat het lange uiteinde van de draad staan om de neus aan het hoofd te naaien. Vul de neus met opvulmateriaal tijdens het naaien.

Armen /2 stuks/

Haken met YarnArt Jeans nr. 87 /beige/

1 Toer. 6 v in MR
2 Toer. 6 meerderings /12/
3 Toer. /2 v, meerdering/ * 4 /16/
4-36 Toer. /33 Toer./ 16 v

Vul de armen met iets meer dan de helft van het vulmateriaal. Vul het bovenste deel van de arm niet.
Vouw het werk doormidden en haak 8 v samen aan beide zijden.

Benen /2 stuks/

Begin met haken met GarnArt Jeans nr. 71 /bruin/

1 Toer. 6 v in MR
2 Toer. 6 meerderingen /12/
3 Toer. /v, meerdering/ *6 /18/
4 Toer. 18 v Verander de draadkleur naar 87 /beige/.
5-19 Toer. /15 Toer./ 18 v
20 Toer. /2 v, meerdering/*6 /24/

Haak het eerste been en laat aan het eind een steek open, knip de overtollige draad af. Let bij het bevestigen van de benen op dat de draadovergangen niet zichtbaar zijn vanaf de voorkant. Om dit te bereiken, haak je een paar extra v op de eerste of tweede poot. Het aantal steken is afhankelijk van je haakdichtheid. Haak het tweede been op dezelfde manier als het eerste, maar knip de draad aan het einde niet af.

3 L opzetten en de benen verbinden /steek in de steek van het eerste been en haak 1 v. Dit wordt de eerste v en begin met het haken van het lichaam.

Lichaam

Vul het lichaam met vulmateriaal terwijl je haakt.

21 Toer. 24 v /eerste been/, 3 v /hv/, 24 v /tweede been/, 3 v /hv/ /54/

22 Toer. /8 v, meerdering/ *6 /60/

23-25 Toer. /3 toeren/ 60 v

26 Toer. /9 v, meerdering/ *6 /66/

27-29 Toer. /3 toeren/ 66 v

30 Toer. /10 v, meerdering/ *6 /72/

31-39 Toer. /9 toeren/ 72 v

40 Toer. /10 v, minderen/ *6 /66/

41-43 Toer. /3 toeren/ 66 v

44 Toer. /9 v, minderen/ *6 /60/

45-47 Toer. /3 toeren/ 60 v

48 Toer. /8 v, minderen/ *6 /54/

49-51 Toer. /3 toeren/ 54 v

52 Toer. /7 v, minderen/ *6 /48/

53-55 Toer. /3 toeren/ 48 v

56 Toer. /6 v, minderen/ *6 /42/

57-59 Toer. /3 toeren/ 42 v

60 Toer. /5 v, minderen/ *6 /36/

61-62 Toer. /2 toeren/ 36 v

63 Toer. bevestig de armen aan het lichaam 10 v /lichaam/, 8 v /aan eerste arm/, 10 v /lichaam/, 8 v /aan tweede arm/, v /36/

Haak 1 hv, zet de draad vast en laat het lange uiteinde van de draad staan om aan te naaien. Voordat je de armen bevestigt, kun je het beste even passen op het lichaam. Iedereen heeft een andere haakdichtheid, dus de afstand tussen de steken kan variëren

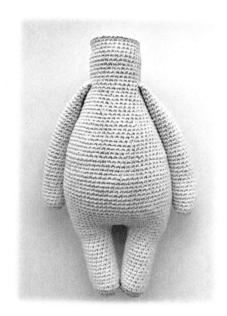

Hals

64-75 Toer. /12 Toeren/ 30 V De lengte van de nek kan variabel zijn, wat de hoogte van het speelgoed bepaalt.

Vlekken

Haken met YarnArt Jeans Nr.71 /bruin/
Vlek 1 /4 stuks/
6 in MR, 1 hv
Vlek 2 /7 stuks/
1 Toer. 6 in MR
2 Toer. /V, meerdering/*3 /9/, 1 hv.
Vlek 3 /5 stuks/
1 Toer. 6 in MR
2 Toer. 6 meerdering /12/, 1 hv
Vlek 4 /2 stuks/
1 Toer. 6 in MR
2 Toer. 6 meerdering /12/
3 Toer. /2 V, meerdering/*4 /16/, 1 hv.
Laat het lange uiteinde van de draad achter om de vlekken op het lichaam te naaien..

Kraag

Haken met YarnArt Jeans Nr.74 /roze/

In keertoeren haken

1 Toer. 36 L opzetten

/Het aantal L kan variëren, het is het beste om de ketting op uw speelgoed te proberen/

2 Toer. in de derde steek van de haaknaald haken: 3 Stokje /in elke steek/, aan het einde van de rij: 2 keerlossen, keren

3 Toer. 3 Stokje /in elke steek/

Aan het einde van het haakwerk aan één kant een knoopsgat maken / 6 L/. Aan de andere kant een decoratieve knoop naaien. Of u kunt een kraag rond de nek naaien.

Lus

1. 4 L in MR / Foto 1/. Het overgebleven uiteinde van de draad moet lang zijn.
2. 2 DSTK /Foto 2/
3. Opzetten 4L, 1 hv /Foto 3, 4/
4. Opzetten 4 L / Foto 5/
5. 2 DSTK / Foto 6/
6. Opzetten 4 L, 1 hv /Foto 7/ Trek de draad uit, trek de ring strak en wikkel het garen om het midden van de lus. Knoop de draaduiteinden aan de achterkant. / Foto 8/

Montage ogen ontwerp

1. Gebruik zandkleurig garen. Steek de naald in het hoofd en rijg de draad in het rechteroog aan de rechterkant tussen de toeren 17 en 18 /laat het onderste uiteinde van de draad beneden hangen/ /Foto 1/.
2. Steek vervolgens de naald aan de linkerkant van het oog in dezelfde toeren /Foto 2/ en kom beneden uit in de toeren 33-34 onder de mond /Foto 3/.
3. Steek vervolgens de naald in een aangrenzende steek in dezelfde rij links of rechts /Foto 4/ en rijg de naald opnieuw in het oog aan de rechterkant /Foto 5/. Steek vervolgens de naald naar links /Foto 6/ en verwijder de naald uit het hoofd /Foto 7/. Trek de draad een beetje strakker, zodat het oog iets dieper komt te liggen. Het rechteroog is klaar.
4. Steek vervolgens de naald in het linkeroog aan de rechterkant en doe hetzelfde als met het rechteroog. Maak een knoop en verberg de draden in het hoofd.

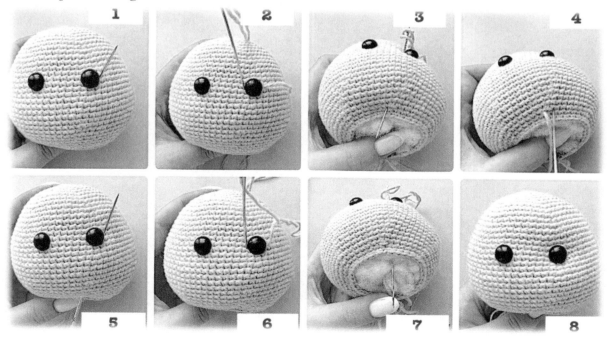

Borduren van het Oogwit

1. Neem een naald met witte draad, steek deze in de binnenkant van het hoofd en haal deze aan de rechterkant van het oog weer naar buiten, vanaf het onderste midden / Foto 1 /

2. Steek vervolgens de naald boven het oog in, ook in het midden, en trek de naald onder het hoofd terug/Foto2/

3. Doe hetzelfde met het andere oog als met het rechteroog.

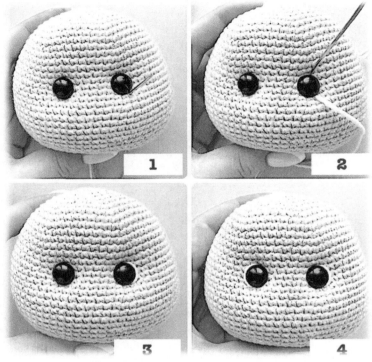

Wimpers borduren

1. Steek de naald met de zwarte draad in het hoofd en rijg deze in het midden van het rechteroog / 2 steken van de ogen terugzetten / Foto 1 /.

2. Steek vervolgens de naald boven het oog in en rijg de naald onder het hoofd terug /Foto 2/.

3. Doe hetzelfde met het andere oog als met het rechteroog.

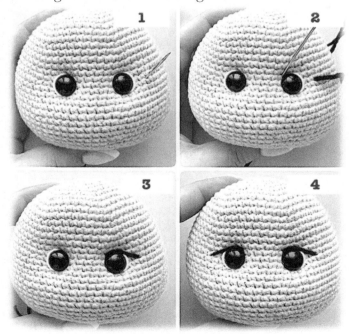

Borduur met zwarte draad de wenkbrauwen tussen de toeren 10 en 13, lengte van de wenkbrauwen 8 vaste. Het mondje wordt tussen de toeren 18 en 30 genaaid en tijdens het naaien met vulmateriaal gevuld. Borduur met zwarte draad de neusgaten en de mond.

Hoorns en oren aannaaien

Naai de hoorns tussen Toer 6 en 11.

Naai de oren onder de horens.

Zodat de oren niet uitsteken, kunnen ze een beetje aan het hoofd worden genaaid.

Naai de vlekken op het hoofd

Plek 1 - 2 stukken

Plek 2 - 2 stukken

Vlek 3 - 1 stuk

U kunt de lapjes schikken zoals u wilt.

Wanneer de lapjes zijn vastgenaaid, naait u het hoofd aan het lichaam vast.

De vlekken op het lichaam naaien

Staart 9 hv opzetten. Het aantal lussen kan naar wens worden aangepast. Om het uiteinde van de staart weelderiger te maken, kunt u extra draden aan het uiteinde toevoegen en een knoop maken.

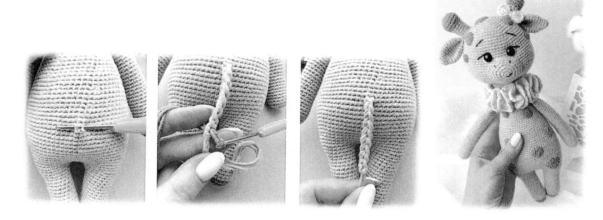

IJsbeer

Gereedschap en Materialen

1. Garen YarnArt Jeans /55% katoen, 45% acryl 50g/160m/

Kleur nr:

01 wit /basis/

53 zwart /voor de neus/

2. Alize Baby Wool /20% bamboe, 40% wol, 40% acryl/ garen voor muts en sjaal

56 - rood of Gazzal Baby Cotton - 3421 – blauw

3. Yarn Art Christmas /Polyamide 100%, 50g/ 140m/

02 wit /voor pompon/

4. Haaknaald nr. – 1,75 mm voor muts en pompon

 Haaknaald nr. 2,25 mm voor een beer

5. Naald – 3 mm, voor een sjaal

6. Ogen d=8 mm, 2 stuks

7. Opvulmateriaal /holle vezels of Synthepon/

8. Schaar

9. Naald om te naaien

Afkortingen

hv - **Halve vaste**

V - **Vaste**

Stokje - **Stokje**

MR - **Magische ring**

L - **Losse**

Meerdering - **Meerdering**

Minderen - **Minderen**

/.../ .. keer - dit betekent dat de in haakjes aangegeven handelingen zo vaak herhaald moeten worden als achter * vermeld staat.

/X/ - het getal tussen haakjes aan het einde van elke toer geeft het totale aantal vasten / lossen in die toer aan. Bij gebruik van de aangegeven materialen is het speelgoed 18 cm hoog.

Opmerking

Het speelgoed wordt in een spiraal gehaakt. Sluit de halve vaste aan het einde van de toer niet aan en keer het werk niet om, tenzij anders aangegeven. Vul het speelgoed stevig op, zodat het zijn vorm niet verliest. U kunt elk ander garen en elke andere haaknaald gebruiken als u dat wilt, maar de grootte van het speelgoed kan veranderen.

Hoofd

Haken met YarnArt Jeans Nr. 01 /wit/.

Vul het hoofd met vulmateriaal terwijl u haakt.

1 Toer. 6 V in MR

2 Toer. 6 meerdering /12/

3 Toer. /V, meerdering/ *6 /18/

4 Toer. /2 V, meerdering/ *6 /24/

5 Toer. /3 V, meerdering/ *6 /30/

6 Toer. /4 V, meerdering/ *6 /36/

7 Toer. /5 V, meerdering/ *6 /42/

8 Toer. /6 V, meerdering/ *6 /48/

9-17 Toer. /9 Toeren/ 48 V

18 Toer. /7 V, meerdering/ *6 /54/

19-21 Toer. /3 Toeren/ 54 V

22 Toer. /7 V, Minderen/ *6 /48/

23 Toer. 48 V

24 Toer. /6 V, Minderen/ *6 /42/

25 Toer. 42 V 26 Toer. /5 V, Minderen/ *6 /36/

27 Toer. /4 V, Minderen/ *6 /30/

1 hv haken, laat een lang uiteinde /ongeveer 15 cm/ over om het hoofd aan het lichaam te naaien en knip de draad af. Plaats de ogen tussen toer 15 en 16 op een afstand van 7 V.

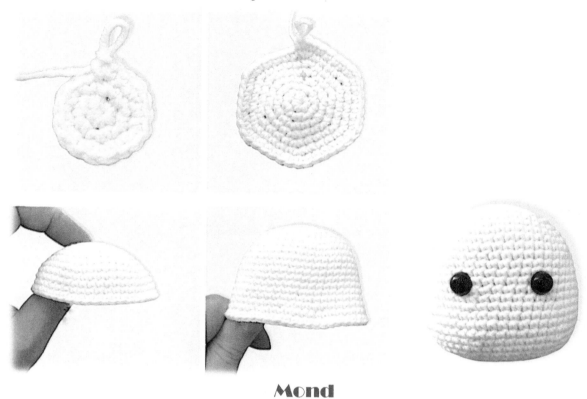

Mond

Haken met YarnArt Jeans Nr. 01 /wit/

1 Toer. 6 V in MR

2 Toer. 6 meerdering /12/

3 Toer. /V, meerdering/ *6 /18/

4 Toer. /2 V, meerdering/ *6 /24/

5-6 Toer. 24 V

7 Toer. /3 V, meerdering/ *6 /30/

1 hv haken en zet de draad vast en laat het lange uiteinde van de draad over om de snuit op het hoofd te naaien. Als u de snuit op het hoofd naait, vul deze dan lichtjes met vulmateriaal.

Oren /2 stuks/

Haken met YarnArt Jeans Nr. 01 /wit/

1 Toer. 6 V in MR

2 Toer. 6 meerdering /12/

3 Toer. /V, meerdering/ *6 /18/
4-5 Toer. /2 Toeren/ 18 V
Vouw het werk dubbel en haak 9 V aan beide zijden samen.
Laat het lange uiteinde van de draad staan om de oren aan het hoofd te naaien.

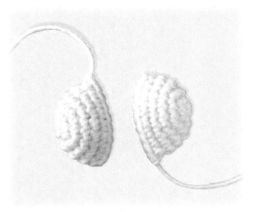

Armen /2 stuks/

Haken met YarnArt Jeans Nr. 01 /wit/
1 Toer. 6 V in MR
2 Toer. 6 meerdering /12/
3-26 Toer. /24 Toeren/ 12 V
Vul de armen met iets meer dan de helft van het vulmateriaal.
Vul het bovenste deel van de arm niet.
Vouw het stuk doormidden en haak 6 V samen.
Bevestig de draad, knip hem af en verberg hem in de arm.

Benen /2 stukken/

1 Toer. 6 V in MR
2 Toer. 6 meerdering /12/
3-6 Toer. /4 Toeren/ 12 V
7 Toer. /V, meerdering/ *6 /18/
Haak het eerste been en laat aan het einde een steek open, knip de overtollige draad af.
Haak het tweede been op dezelfde manier als het eerste, maar knip de draad aan het einde niet af.
3 L opzetten en de benen verbinden /steek in de steek van het eerste been en haak 1 V.
Dit wordt de eerste V en begin met het haken van het lichaam.

Lichaam

Vul het lichaam met vulmateriaal terwijl je haakt.

8 Toer. 18 v /eerste been/, 3 l /hv/, 18 v /tweede been/, 3 l /hv//42/

9 Toer. /6 v, Meerdering/*6 /48/

10-11 Toer. /2 Toeren/ 48 v

12 Toer. /7 v, Meerdering/*6 /54/

13-14 Toer. /2 Toeren/54 v

15 Toer. /8 v, Meerdering/*6 /60/

16-21 Toer. /6 Toeren/ 60v

22 Toer. /8 v, Minderen/*6 /54/

23-25 Toer. /3 Toeren/ 54 v

26 Toer. /7 v, Minderen/*6 /48/

27-29 Toer. /3 Toeren/ 48 v

30 Toer. /6 v, Minderen/*6 /42/

31-33 Toer. /3 Toeren/ 42 v

34 Toer. /5 v, Minderen/*6 /36/

35 -37 Toer. /3 Toeren/ 36 v

38 Toer. /4 v, Minderen/*6 /30/

39-40 Toer. /3 Toeren/ 30 v

41 Toer. Bevestig de armen aan het lichaam. 7 v /lichaam/, 6 v /aan eerste arm/, 9 v /lichaam/, 6 v /aan tweede arm/ /30/

1 hv, zet het garen vast en laat een lang stuk garen over om aan elkaar te naaien.

Nadat het lichaam is gehaakt, moeten de benen zo aan elkaar worden genaaid dat ze naar elkaar gericht zijn. U kunt sneeuwvlokken, een kerstboom of iets anders borduren dat u leuk vindt.

Staart

1 Toer. 6 v in Magische ring
2 Toer. 6 Meerdering /12/
3 Toer. /v, Meerdering/*6 /18/
4-5 Toer. /2 Toeren/ 18 v

Laat het lange uiteinde van de draad over om de staart aan het lichaam te naaien.

Montage

1. Naai het mondje tussen de toeren 15 en 27

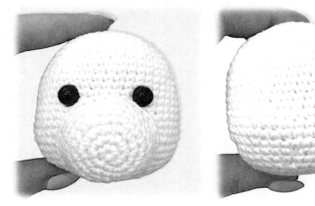

Oogontwerp

1. Steek de naald in het hoofd en rijg het garen in het rechteroog aan de rechterkant tussen de toeren 15 en 16 /laat het onderste uiteinde van het garen onderaan hangen/ /Foto 1,2/.
2. Steek vervolgens de naald vanaf de linkerkant van het oog in dezelfde toeren en kom uit aan de onderkant in de toeren 26-27 onder het mondje /Foto 3,4/.

3. Steek dan de naald in een aangrenzende steek in dezelfde toer links of rechts /Foto 5/ en rijg de naald opnieuw in het oog aan de rechterkant. Steek de naald dan naar links en haal de naald uit het hoofd. Trek het garen iets strakker zodat het oog iets dieper zit. Het rechteroog is klaar/Foto 6/.

4. Steek vervolgens de naald in het linkeroog aan de rechterkant en doe hetzelfde als met het rechteroog. Maak een knoop en verberg de draden aan de binnenkant van het hoofd.

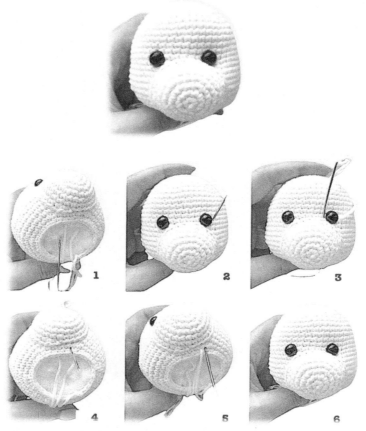

Het wit van het oog Stikken

Neem een naald met blauw garen, steek deze in de binnenkant van het hoofd en haal het door het rechteroog vanaf de onderste middenkant /Foto 1/ Steek vervolgens de naald boven het oog in, eveneens in het midden, en haal de naald onderkant van het hoofd terug /Foto 2/ Ga met het andere oog op dezelfde manier te werk als met het rechteroog.

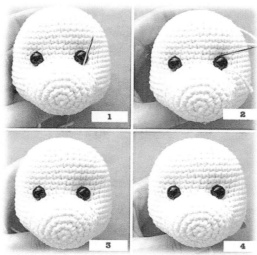

Met zwart garen neus, wenkbrauwen en mond borduren. Borduur de wenkbrauwen tussen de toeren 10 en 12 op een afstand van 7 vaste.

Naai de oren tussen de toeren 5 en 13

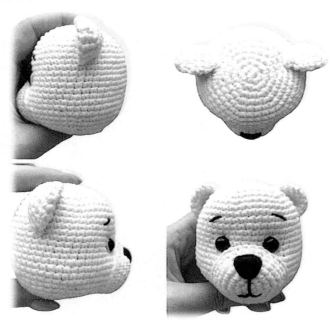

Naai de hoef aan het lichaam.

Cap

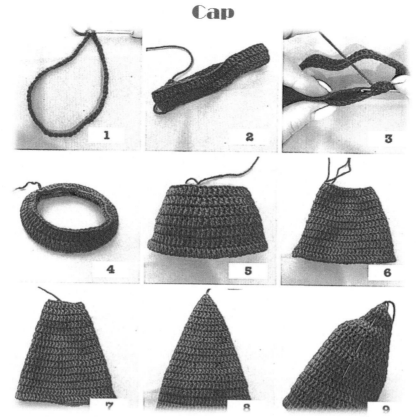

1 Toer. 60 L opzetten en aan het einde van de ketting met een hv verbinden tot een cirkel, 2 keerlossen /Foto 1/

Belangrijk!!!

Sluit aan het einde van elke toer de cirkel met 1 hv en haak 2 keerlossen.

2-3 Toer. 60 Stokje /Foto 2/

4 Toer. Vouw het werk dan dubbel en haak de bovenste en onderste steken samen 60 Stokje /Foto 3/

5 Toer. 60 Stokje

6 Toer. 60 Stokje

7 Toer. /8 Stokje, Minderen/*6 /54/

8 Toer. 54 Stokje

9 Toer. /7 Stokje, Minderen/*6 /48/

10 Toer. 48 Stokje

11 Toer. /6 Stokje, Minderen/*6 /42/

12 Toer. 42 Stokje

13 Toer. /5 Stokje, Minderen/*6 /36/

14 Toer. 36 Stokje

15 Toer. /4 Stokje, Minderen/*6 /30/

16 Toer. 30 Stokje

17 Toer. /3 Stokje, Minderen/*6 /24/

18 Toer. 24 Stokje

19 Toer. /2 Stokje, Minderen/*6 /18/

20 Toer. 18 Stokje

21 Toer. /Stokje, Minderen/*6 /12/

22 Toer. 6 Minderen

Bind het uiteinde van de muts samen met een draad, zoals getoond in Foto 9.

Pompom

Haken met Yarn Art Christmas 02 /wit/

1 Toer. 6 Vaste in Magische Ring

2 Toer. 6 Meerdering /12/

3 Toer. /Vaste, Meerdering/ *6 /18/

4-7 Toer. /3 Toeren/ 18 Vaste

8 Toer. /Vaste, Minderen/*6 /12/

9 Toer. 6 Minderen Naai de pompon aan de muts, bevestig en knip de draad af.

Halsdoek

De sjaal wordt met breinaalden gebreid. 12 L opzetten en vervolgens afwisselend een toer met een toer averechte en een toer rechte steken. De lengte van de sjaal is 45 cm.

Tijger

Gereedschap en Materialen

1. Garen YarnArt Jeans /55% katoen, 45% acryl, 50g/160m/
Kleur nr:
01 /wit/-Poten
53 /zwart/ -Neus, strepen
85 /oranje/ -Basis
2. Haaknaald nr. 2,25 en 1,75 mm /voor strepen/
3. Naald om te naaien
4. Ogen d=8 mm, 2 stuks
5. Vulling /holle vezels of synthetisch vulmateriaal/
6. Schaar

Afkortingen

hv - **halve vaste**
V - **vaste**
MR - **Magische Ring**
L - **losse**
Meerdering - **Meerdering**
Minderen - **Minderen**
/..../ .. keer - **dit betekent dat de in haakjes aangegeven bewerkingen zo vaak herhaald worden als achter * aangegeven.**
/X/ - **het getal tussen haakjes aan het einde van elke toer geeft het totale aantal vaste/lossen in die toer aan.**
Met het gebruik van de aangegeven materialen meet het speelgoed 14 cm in de hoogte.
Opmerking
Het speelgoed wordt in een spiraal gehaakt. Sluit de hv niet aan het einde van de toer en keer het werk niet om, tenzij anders aangegeven. Vul het speelgoed stevig zodat het zijn vorm niet verliest. U kunt elk ander garen en elke andere haaknaald gebruiken als u wilt, maar de grootte van het speelgoed kan veranderen.

Hoofd

Haken met garen YarnArt Jeans nr. 85 /oranje/
Vul het hoofd met vulmateriaal terwijl u haakt.
1 Toer. 6 Vaste in Magische Ring
2 Toer. 6 Meerdering /12/
3 Toer. /Vaste, Meerdering/*6 /18/
4 Toer. /2 Vaste, Meerdering/6 /24/
5 Toer. /3 Vaste, Meerdering/ 6 /30/
6 Toer. /4 Vaste, Meerdering/*6 /36/
7 Toer. /5 Vaste, Meerdering/*6 /42/
8 Toer. /6 Vaste, Meerdering/*6 /48/
9-18 Toer. /10 Toeren/ 48 Vaste
19 Toer. /6 Vaste, Minderen/*6 /42/
20 Toer. /5 Vaste, Minderen/*6 /36/
21 Toer. /4 Vaste, Minderen/*6 /30/
22 Toer. /3 Vaste, Minderen/*6 /24/
Plaats de ogen tussen de toeren 13 en 14 op een afstand van 6 Vaste.
Haak 1 hv, laat een lang uiteinde /ongeveer 15 cm/ over om het hoofd aan het lichaam te naaien en knip de draad af.

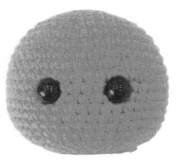

Oren /2 stuks/

Begin met haken met YarnArt Jeans nr. 53 /zwart/
1 Toer. 6 V in MR
2 Toer. 6 Meerdering /12/
3 Toer. 12 V Verander het garen in oranje garen
4 Toer. /V, Meerdering/*6/18/
5 Toer. /2 V, Meerdering/*6/24/
Vouw het deel dubbel en haak beide kanten met 12 V samen.
Zet de draad vast en laat het lange uiteinde van de draad over om de oren aan het hoofd te naaien.

Mond

Haken met YarnArt Jeans nr. 01 /wit/

Haak 6 L en begin in de tweede steek vanaf de haaknaald:

1 Toer. 4V, 3V /in één steek/, 5 V

2 Toer. Meerdering, 3V, 3Meerderingen, 3V, 2 Meerderingen

3-4 Toer. /2 Toeren/ 18 V

1 hv haken, zet de draad vast en laat een lang uiteinde over om het mondje aan het hoofd te naaien. Vul het mondje lichtjes met vulmateriaal terwijl je het aan het hoofd naait.

Armen /2 stuks/

Haken met YarnArt Jeans nr. 01 /wit/

Vul de armen iets meer dan de helft met vulmateriaal. Vul het bovenste deel van de arm niet.

1 Toer. 6 V in MR

2 Toer. 6 Meerderingen /12/

3-4 Toer. /2 Toeren/ 12 V

5 Toer. /2V, Minderen/ * 3 /9/ Verander de draadkleur in oranje

6-17 Toer. /12 Toeren/ 9 V

Vouw het werk dubbel en haak 4V aan beide kanten samen. Zet de draad vast, knip hem af en verberg hem in de binnenkant van de arm. Maak de poten plat op de plaats waar je het witte garen haakt.

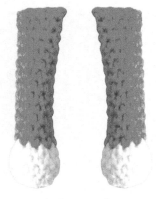

Staart

Haken met garen YarnArt Jeans nr. 85 /oranje/

Vul de staart met vulmateriaal terwijl je haakt.

1 Toer. 6 V in MR

2 Toer. 6 Meerdering /12/

3-17 Toer. /15 Toeren/ 12 V

18 Toer. /2V, Minderen/* 3 /9/

Vouw het werk dubbel en haak 4V aan beide kanten samen. Zet de draad vast, knip hem af en verberg hem in de binnenkant van de staart.

Benen /2 stuks/

Haken met YarnArt Jeans nr. 01 /wit/
1 Toer. 6 V in MR
2 Toer. 6 Toenames /12/
3 Toer. /V, Toename/ *6 /18/
4-5 Toer. /2 toeren/ 18V
6 Toer. /V, Afname/ *6 /12/ Verander de draadkleur in Oranje
7-9 Toer. /3 toeren/ 12 V 10 Toer. /V, Toename/ *6 /18/
Haak het eerste been en laat aan het einde een steek over, knip de overtollige draad af. Haak het tweede been op dezelfde manier als het eerste, maar knip de draad aan het einde niet af. Haak 3 L en verbind de benen /steek in de steek van het eerste been en haak 1 V. Dit wordt de eerste V en begin met het haken van het lichaam.

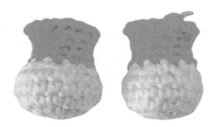

Lichaam

Haken met YarnArt Jeans nr. 85 /oranje/
Vul het lichaam met vulmateriaal terwijl u haakt.
11 Toer. 18 V /op het eerste been/, 3 V /op de ketting/, 18 V /op het tweede been/, 3 V /op de ketting/ /42/ **12-18 Toer.** /7 toeren/ 42 V
19 Toer. Bevestig de staart aan het lichaam 40V /lichaam/, 2V /met staart/ /42/
20 Toer. 2 V /met staart/, 40 V /lichaam/ /42/
21 Toer. 42 V
22 Toer. /5 V, Afname/ *6 /36/
23-25 Toer. /3 toeren/ 36 V
26 Toer. /4 V, Afname/ *6 /30/
27-29 Toer. /3 toeren/ 30 V
30 Toer. /3 V, Afname/ *6 /24/
31 Toer. Bevestig de armen aan het lichaam
5 V /lichaam/, 4 V /met arm/, 9 V /lichaam/, 4V /met arm/, 2 V /24/
Haak 1 hv, zet de draad vast en laat het lange uiteinde van de draad over om aan te naaien.

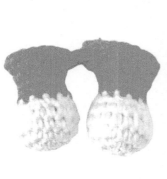

Montage
Het borduren van het Oogwit

Neem een naald met witte draad, steek hem in de hoofde en breng hem vanuit het midden onder in het rechteroog weer naar buiten. Steek vervolgens de naald boven het oog, ook in het midden, en trek de naald terug onder de Hoofdes. Ga met het andere oog op dezelfde manier te werk als met het rechter.

Naai de mond op het hoofd en borduur de neus en de wenkbrauwen.

Naai het mondje tussen de toeren 14 en 20. Borduur met zwart garen de wenkbrauwen tussen de toeren 9 en 11, wenkbrauwlengte 6-7 V. Naai de oren vast en borduur strepen op het voorhoofd.

Naai de oren tussen de toeren 3 en 13 / van de ogen 9 V /. Met zwart en wit garen drie strepen op het hoofd borduren.

Haakstrepen op het hoofd

Begin met het tellen van de eerste toer aan de bovenkant van het hoofd.

Eerste streep: Verbind het zwarte garen tussen de toeren 13 en 14, de afstand tot het oog is 3 vaste, en haak een cirkel van 36 vaste.

Tweede streep: Verbind het zwarte garen tussen de toeren 17 en 18, de afstand tot het mondje is 4 vaste, en haak een cirkel van 32 vaste.

Derde streep: Verbind het zwarte garen tussen de toeren 20 en 21, de afstand tot het mondje is 4 vaste, en haak een cirkel van 28 vaste. * het aantal vaste kan naar wens worden aangepast.

Naai het hoofd aan het lichaam Haakstrepen. Tel de eerste toer vanaf de voeten.

Eerste Streep: Verbind het zwarte garen tussen de Toeren 14 en 15. Begin met het haken van 32* vaste steken vanuit het midden van het been.

Tweede Streep: Verbind het zwarte garen tussen de Toeren 19 en 20 en haak 30* vaste steken.

Derde Streep: Verbind het zwarte garen tussen de Toeren 24 en 25 en haak 28* vaste steken. *De hoeveelheid vaste steken kan naar wens worden aangepast.

Borduur de poten.

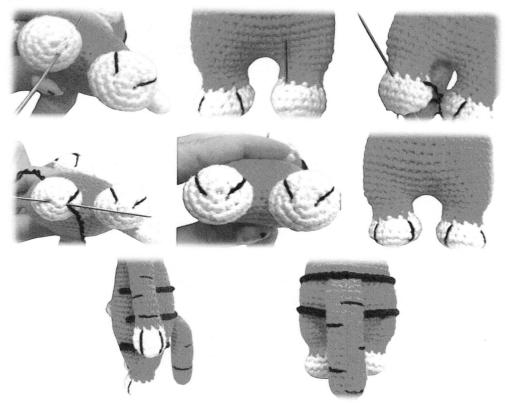

Borduur de armen en strepen op de staart met zwart garen.

Kat eenhoorn en Konijn
enkele basis

Gereedschap en Materialen

1. Garen YarnArt Jeans /55% katoen, 45% acryl, 50g/160m/
Kleur Nr: Haas:
05 lichtbeige /Basis/
20 roze /Neus/
01 wit /Mondje/
53 zwart /Wenkbrauwborduursel/
Kat:
01 wit /Mondje/
20 roze /Neus/
46 grijs /Basis/
53 zwart /Wenkbrauwborduursel/
Eenhoorn:
20 roze /Neus/
53 zwart /Wenkbrauwborduursel/
74 lichtroze /Manen/
76 turquoise /Manen/
89 paars /Manen/
Garen Alize Cotton Gold - 55 /55% katoen, 45% acryl, 100g/330m/, wit, basis
Garen YarnArt Camellia - 431 /voor hoorn/
2. Ogen d=10 mm
3. Haaknaald Nr. 2,25 mm
4. Naald voor het naaien
5. Ogen d=10 mm, 2 stuks
6. Opvulmateriaal /Holofiber of Synthepon/
7. Schaar

Afkortingen

hv - halve vaste
V - vaste
Stokje- Stokje
Magische Ring - Magische Ring
L - losse
Meerdering - Meerdering
Minderen - Minderen
/..../ .. keer - dit betekent dat de in haakjes aangegeven bewerkingen zo vaak herhaald worden als achter * aangegeven.
/X/ - het getal tussen haakjes aan het einde van elke toer geeft het totale aantal vaste/lossen in die toer aan. Met het gebruik van de aangegeven materialen meet het speelgoed 18 cm in de hoogte. Opmerking Het speelgoed wordt in een spiraal gehaakt. Sluit de hv niet aan het einde van de toer en keer het werk niet om, tenzij anders aangegeven. Vul het speelgoed stevig zodat het zijn vorm niet verliest. U kunt elk ander garen en elke andere haaknaald gebruiken als u wilt, maar de grootte van het speelgoed kan veranderen.

Hoofd

/wordt voor iedereen op dezelfde manier gehaakt/
Vul het hoofd met vulmateriaal terwijl u haakt.
1 Toer. 6 V in magische ring
2 Toer. 6 Meerdering /12/
3 Toer. /V, Meerdering/*6 /18/
4 Toer. /2 V, Meerdering/6 /24/
5 Toer. /3 V, Meerdering/ 6 /30/
6 Toer. /4 V, Meerdering/*6 /36/

7 Toer. /5 V, Meerdering/*6 /42/
8 Toer. /6 V, Meerdering/*6 /48/
9 Toer. /7 V, Meerdering/*6 /54/

10 Toer. /8 V, Meerdering/*6 /60/
11 Toer. /9 V, Meerdering/*6 /66/
12-21 Toer. /10 Toeren/ 66 V
22 Toer. /9 V, Minderen/*6 /60/
23 Toer. /8 V, Minderen/*6 /54/
24 Toer. /7 V, Minderen/*6 /48/
25 Toer. /6 V, Minderen/*6 /42/
26 Toer. /5 V, Minderen/*6 /36/
27 Toer. /4 V, Minderen/*6 /30/
28 Toer. /3 V, Minderen/*6 /24/
Plaats de ogen tussen toer 15 en 16 op een afstand van 8 V.
Haak 1 halve vaste, laat een lang uiteinde (ongeveer 15 cm) over om het hoofd aan het lichaam te naaien en knip de draad af.

Konijntje
Mond

Haken met YarnArt Jeans garen nr. 01 /wit/
1 Toer. 6 V in magische ring
2 Toer. 6 Meerdering /12/
3 Toer. /V, Meerdering/*6 /18/
4 Toer. /2 V, Meerdering/*6 /24/
5 Toer. 24 V
Haak 1 halve vaste en zet de draad vast, laat een lang uiteinde over om het mondje op het hoofd te naaien. Vul het mondje lichtjes met vulmateriaal terwijl u het aan het hoofd naait..

Oren /2 stuks/

Haken met YarnArt Jeans garen nr.05 /lichtbeige/
1 Toer. 6 V in magische ring
2 Toer. 6 Meerdering /12/

3-4 Toer. 12 V
5 Toer. /V, Meerdering/*6 /18/
6-7 Toer. 18 V
8 Toer. /2V, Meerdering/*6 /24/
9-10 Toer. 24 V
11 Toer. /3V, Meerdering/*6 /30/
12-13 Toer. 30 V
14 Toer. /3V, Minderen/*6 /24/
15-16 Toer. 24 V
17 Toer. /2V, Minderen/*6 /18/
18-19 Toer. 18 V
20 Toer. /V, Minderen/*6 /12/

Vouw het werk dubbel en haak 6 V aan beide kanten. Laat een lang uiteinde van de draad over om de oren aan het hoofd te naaien.

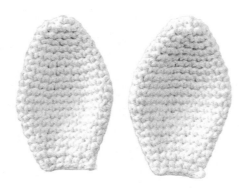

Kat

Mondje Haken met YarnArt Jeans garen nr. 01 /wit/
9 L opzetten en in de tweede steek van de haaknaald haken:
1 Toer. 7 V, 3V /in één enkele steek/, 8V /18/
2 Toer. Meerdering, 6V, 3Meerdering, 6 V, 2Meerdering /24/
3 Toer. /3 V, Meerdering/*6 /30/
4 Toer. 30 V
1 Halve vaste haken en zet de draad vast en laat het lange uiteinde van de draad over om het mondje aan het hoofd te naaien. Vul het mondje lichtjes met vulmateriaal als je het aan het hoofd naait.

Oren

Haken met YarnArt Jeans garen nr. 01 /wit/
1 Toer. 6 V in magische ring
2 Toer. 6 Meerderingen /12/ Verander het garen in grijs garen
3 Toer. 12 V
4 Toer. /V, Meerdering/*6 /18/
5 Toer. /2 V, Meerdering/*6 /24/
6 Toer. 24 V

Vouw het stuk dubbel en haak 12 V aan beide kanten samen. Zet de draad vast en laat het lange uiteinde van de draad over om de oren aan het hoofd te naaien.

Staart

Haken met YarnArt Jeans garen nr. 01 /wit/
1 Toer. 6 V in magische ring
2 Toer. 6 Meerderingen /12/
3-5 Toer. /3 toeren/ 12 V

Verander het garen in grijs garen 6-25 Toer. /20 toeren/ 12 V Vouw het stuk dubbel en haak 6 V aan beide kanten samen. Bevestig de draad en laat het lange uiteinde van de draad over om de staart aan te naaien. *De staart kan ook in rij 12 aan het lichaam bevestigd worden.

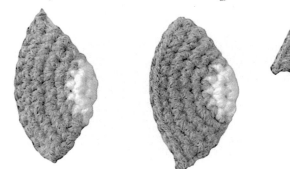 

Eenhoorn
Mond

Haken met garen Alize Cotton Gold Nr. 55 /wit/
9 L opzetten en vanaf de tweede steek van de haaknaald haken:
1 Toer. 7V, 3V /in een enkele steek/, 8V /18/
2 Toer. Meerderen, 6V, 3Meerderen, 6V, 2 Meerderen /24/
3 Toer. /3V, Meerderen/*6 /30/
4-5 Toer. 30 V

Haak 1 halve vaste en zet de draad vast. Laat het lange uiteinde van de draad over om het snuitje op het hoofd te naaien. Vul het snuitje een beetje op met vulmateriaal terwijl je het aan het hoofd naait.

Oren

Haken met garen Alize Cotton Gold Nr. 55 /wit/
1 Toer. 6 V in een magische ring
2 Toer. 6 Meerderen/12/
3 Toer. 12 V
4 Toer. /V, Meerderen/*6 /18/
5-6 Toer. 18 V

Vouw het stuk dubbel en haak 8 V samen aan beide zijden. Zet de draad vast en laat het lange uiteinde van de draad over om de oren aan het hoofd te naaien.

Hoorn

Haken met garen YarnArt Camellia goud /431/ en geel /67/
1 Toer. 6 V in een magische ring
2 Toer. /V, Meerderen/*3 /9/
3-5 Toer. /3 Toeren/ 9 V
6 Toer. /2V, Meerderen/*3 /12/

Haak 1 halve vaste en zet de draad vast. Laat het lange uiteinde van de draad over om de hoorn aan het hoofd te naaien. Vul de hoorn een beetje op met vulmateriaal terwijl je het aan het hoofd naait.

Manen

50 L opzetten en beginnend met de derde steek van de haaknaald haken: 3 St/ in één enkele steek/, 1 St en zo afwisselend tot het einde van de toer, maak mooie krullen. Ik heb in totaal 9 krullen gekregen, 3 van elke kleur. Je kunt zoveel krullen haken als je wilt.

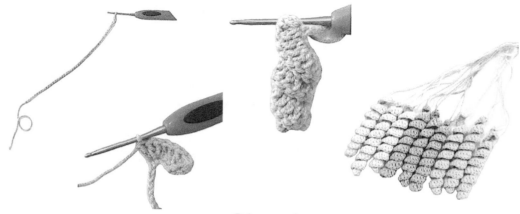

Staart

25 L opzetten en beginnend met de derde steek van de haaknaald haken: 3 St/ in één enkele steek/, 1 St en zo afwisselend tot het einde van de toer, maak mooie krullen. Haak in totaal drie krullen in elke kleur. Je kunt zoveel krullen haken als je wilt.

Armen /2 stuks/
Konijn/Kat

1 Toer. 6 V in een magische ring
2 Toer. 6 Meerderen/12/
3 Toer. /V, Meerderen/ *6 /18/
4-6 Toer. /3 Toeren/ 18 V
7 Toer. /V, Minderen/ * 6 /12/
8-22 Toer. /15 Toeren/ 12 V

Eenhoorn

Haken met paars garen /89/
1 Toer. 6 V in een magische ring
2 Toer. 6 Meerderen /12/
3 Toer. /V, Meerderen/ *6 /18/
4-6 Toer. /3 Toeren/ 18 V

7 Toer. /V, Minderen/ * 6/12/
Verander de draadkleur in turquoise /Nr.76/
8-9 Toer. 12 V
Verander de draadkleur in wit /Nr.55/
10-22 Toer. /13 Toeren/ 12 V
Vul de armen met iets meer dan de helft van het vulmateriaal. Vul het bovenste deel van de arm niet op.
Vouw het stuk dubbel en haak 6 V samen.
Bevestig de draad, knip hem af en verberg hem in de binnenkant van de arm.

Poten /2 stuks/
Konijntje

Haken met garen YarnArt Jeans Nr. 05 /lichtbeige/
1 Toer. 6 V in een magische ring
2 Toer. 6 Meerderen /12/
3 Toer. /V, Meerderen/*6/18/
4 Toer. /2 V, Meerderen/*6/24/
5-7 Toer. /3 Toeren/ 24 V
8 Toer. /2 V, Minderen/*6 /18/
9-17 Toer. /9 Toeren/ 18 V
18 Toer. /V, Minderen/*6 /12/

Kat

Begin met haken met wit garen /01/
1 Toer. 6 V in een magische ring
2 Toer. 6 Meerderen /12/
3 Toer. /V, Meerderen/*6 /18/
4 Toer. /2 V, Meerderen/*6 /24/
5-7 Toer. /3 Toeren/ 24 V
8 Toer. /2 V , Minderen/*6 /18/
Verander de garenkleur naar grijs /46/
 9-17 Toer. /9 Toeren/ 18 V
18 Toer. /V, Minderen/*6 /12/

Eenhoorn

Haken met paars garen /89/
1 Toer. 6 V in een magische ring
2 Toer. 6 Meerderen /12/
3 Toer. /V, Meerderen/*6 /18/
4 Toer. /2 V, Meerderen/*6 /24/
5-7 Toer. /3 Toeren/ 24 V
8 Toer. /2 V , Minderen/*6 /18/
Verander de garenkleur naar turquoise /76/
9-10 Toer. 18 V
Verander de garenkleur naar wit /55/
11-17 Toer. /7 Toeren/ 18 V
18 Toer. /V, Minderen/*6 /12/
Vul de benen iets meer dan de helft met vulling. Vul het bovenste deel van het been niet op.
Vouw het stuk dubbel en haak 6 V aan beide zijden samen. Bevestig de draad, knip hem af en verberg hem in de binnenkant van het been.

Lichaam / voor iedereen/

1 Toer. 6 V in een magische ring
2 Toer. 6 Meerderen /12/
3 Toer. /V, Meerderen/*6/18/
4 Toer. /2 V, Meerderen/*6/24/
5 Toer. /3 V, Meerderen/*6/30/
6 Toer. /4 V, Meerderen/*6/36/
7 Toer. /5 V, Meerderen/*6/42/
8 Toer. /6 V, Meerderen/*6/48/
9 Toer. /7 V, Meerderen/*6/54/
10 Toer. Bevestig de benen aan het lichaam.
6 V /op het eerste been/, 28 V /op het lichaam/,
6 V /op het tweede been/,14V /op het lichaam/
11-15 Toer. /5Toeren/ 54 V
16 Toer. /7 V, Minderen/*6/48/
17-18 Toer. 48 V
19 Toer. /6 V, Minderen/*6/42/
20-21 Toer. 42 V
22 Toer. /5 V, Minderen/*6/36/
23-24 Toer. 36 V
25 Toer. /4 V, Minderen/*6/30/
26-27 Toer. 30 V
28 Toer. /3 V, Minderen/*6/24/
29 Toer. Bevestig de armen aan het lichaam 3 V /op het lichaam/, 6 V / op de eerste arm/, 7 V /op het lichaam/, 6 V /op de tweede arm/, 2 V /op het lichaam/, /24/
30 Toer. 24 V
Haak 1 halve vaste, bevestig de draad en laat het lange uiteinde van de draad over om aan te naaien.
Vul het lichaam op met vulling terwijl je haakt.

Montage en Speelgoedontwerp

1. Steek de naald in het hoofd en rijg de draad in het rechteroog aan de rechterkant tussen de toeren 16 en 17 /laat het onderste uiteinde van de draad beneden hangen/ /Foto 1/.
2. Steek vervolgens de naald van de linkerkant van het oog in dezelfde toeren en kom onderaan in de toeren 25-26 uit onder de snuit /Foto 2/.
3. Steek daarna de naald in een aangrenzende steek in dezelfde rij links of rechts /Foto 3/ en rijg de naald opnieuw in het oog aan de rechterkant. Steek de naald vervolgens naar links en verwijder de naald uit het hoofd /Foto 4/. Trek de draad een beetje strakker zodat het oog iets dieper komt te liggen. Het rechteroog is klaar.
4. Steek vervolgens de naald in het linkeroog aan de rechterkant / Foto 5 / en doe hetzelfde als met het rechteroog /Foto 5,6,7/. Maak een knoop en verberg de draden aan de binnenkant van het hoofd.

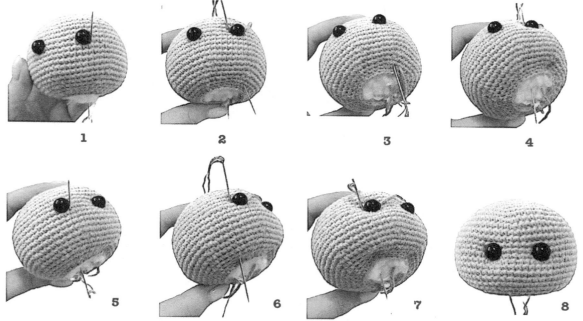

Borduren van het Oogwit

1. Neem een naald met witte draad, steek deze in het hoofd en haal deze weer uit het rechteroog vanaf de onderste middenkant.
2. Steek vervolgens de naald boven het oog in, ook in het midden, en trek de naald terug onder het hoofd.
3. Ga met het andere oog op dezelfde manier te werk als met het rechteroog.

1. Naai de snuit vast tussen de toeren 16 en 23. Borduur met zwart garen de wenkbrauwen tussen de toeren 10 en 13 bij 6-7 V. Borduur de neus met roze garen en de mond met zwart garen.

Naai de oren vast tussen de toeren 1 en 5 /haas/
Naai de oren vast tussen de toeren 5 en 16 /kat/
Naai de oren vast tussen de toeren 5 en 14 /eenhoorn/

Naai de staart diagonaal tussen de toeren 10 en 15 /kat/.
Naai de manen en de staart naar wens vast..

Naai het hoofd aan het lichaam.

Rendier

Gereedschap en Materialen

1. Garen YarnArt Jeans /55% katoen, 45% acryl, 50g/160m/
Kleur nr:
01 - wit /voor neus en ogen/
07 - zandkleurig /basis/
53 - zwart /voor wenkbrauwen/
71 - bruin /voor hoorns/
74 - roze /voor teken/
2. Haaknaald nr. 2,25 mm
3. Naald voor het naaien
4. Ogen d=10 mm, 2 stuks
5. Vulmateriaal /holle vezels of synthepon/
6. Schaar

Afkortingen

hv - **halve vaste**
V - **vaste**
MR - **Magische Ring**
L - **losse**
Meerdering - **Meerdering**
Minderen - **Minderen**
/..../ .. keer - **dit betekent dat de in haakjes aangegeven bewerkingen zo vaak herhaald worden als achter * aangegeven.**
/X/ - **het getal tussen haakjes aan het einde van elke toer geeft het totale aantal vaste/lossen in die toer aan.**
Met het gebruik van de aangegeven materialen meet het speelgoed 18 cm in de hoogte.
Opmerking
Het speelgoed wordt in een spiraal gehaakt. Sluit de hv niet aan het einde van de toer en keer het werk niet om, tenzij anders aangegeven. Vul het speelgoed stevig zodat het zijn vorm niet verliest. U kunt elk ander garen en elke andere haaknaald gebruiken als u wilt, maar de grootte van het speelgoed kan veranderen.

Hoofd

Haken met garen YarnArt Jeans Nr. 07 / zandkleurig /. Vul het hoofd met opvulmateriaal terwijl je haakt.
1 Toer: 6 v in magische ring
2 Toer: 6 meerdering / 12 /
3 Toer: / v, meerdering / * 6 / 18 /
4 Toer: / 2 v, meerdering / * 6 / 24 /
5 Toer: / 3 v, meerdering / * 6 / 30 /
6 Toer: / 4 v, meerdering / * 6 / 36 /

7 Toer: / 5 v, meerdering / * 6 / 42 /
8 Toer: / 6 v, meerdering / * 6 / 48 /
9-11 Toer: 48 v
12 Toer: / 7 v, meerdering / * 6 / 54 / / 3 toeren /
13-15 Toer: 54 v / 3 toeren /
16 Toer: / 8 v, meerdering / * 6 / 60 /
17-21 Toer: 60 v / 5 toeren /
22 Toer: / 8 v, minderen / * 6 / 54 /
23 Toer: 54 v
24 Toer: / 7 v, minderen / * 6 / 48 /
25 Toer: 48 v
26 Toer: / 6 v, minderen / * 6 / 42 /
27 Toer: 42 v
28 Toer: / 5 v, minderen / * 6 / 36 /
29 Toer: / 4 v, minderen / * 6 / 30 /
1 hv haken, laat een lang uiteinde over / ongeveer 15 cm / om het hoofd aan het lichaam te naaien, en knip de draad af. Plaats de ogen tussen de toeren 15 en 16 op een afstand van 7 v van elkaar.

Mond

Haken met garen YarnArt Jeans Nr. 01 /wit/
1 Toer. 6 V in MR
2 Toer. 6 Meerdering /12/
3 Toer. /V, Meerdering/*6 /18/
4 Toer. /2 V, Meerdering/*6 /24/
5 Toer. 24 V
1 hv haken en zet de draad vast, laat een lang uiteinde achter om het mondje op het hoofd te naaien. Vul het snuitje lichtjes met vulmateriaal als je het op het hoofd naait.

Hoorns /2 stuks/

Haken met garen YarnArt Jeans Nr.71 /bruin/
Eerste deel /2 stuks/
1 Toer. 6 V in MR
2 Toer. /V, Meerdering/*3 /9/
3-4 Toer. 9 V/2 toeren/
Aan het einde van het haakwerk een steek overlaten en de draad afknippen. Haak op deze manier een tweede stuk en laat aan het einde van het haakwerk een steek staan en knip de draad af.

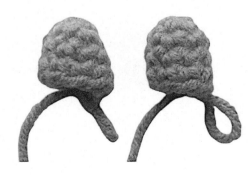

Tweede deel /2 stuks/
1 Toer. 6 V in MR
2 Toer. /V, Meerdering/*3 /9/
3-6 Toer. 9 V/4 toeren/
7 Toer. Aan het einde van het haakwerk de draad niet afknippen, maar de naald in de lus van de eerste hoorn /de kleinere/ steken en twee steken samen haken en dan 17 V tot het einde van de rij /dit is dan rij 7/.

8 Toer. /V, Minderen/*6 /12/
9 Toer. 12 V
1 hv haken, zet de draad vast en laat een lang uiteinde achter om de hoorns op het hoofd te naaien. Vul de hoorns met vulmateriaal als je ze op het hoofd naait.

Oren /2 stuks/

Haken met garen YarnArt Jeans Nr. 07 /zandkleurig/.
1 Toer. 6 V in MR
2 Toer. 6 Meerdering /12/
3 Toer. 12 V
4 Toer. /V, Meerdering/*6 /18/
5 Toer. 18 V
6 Toer. /2 V, Meerdering/*6 /24/
7 Toer. 24 V
8 Toer. /2 V, Minderen/*6 /18/
9 Toer. /V, Minderen/*6 /12/
 Vouw het werk dubbel en haak 6 V aan beide kanten. Vouw dan opnieuw dubbel en naai. Laat het lange uiteinde van de draad staan om de oren aan het hoofd te naaien.

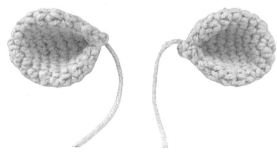

Armen /2 stuks/

Haken met garen YarnArt Jeans Nr. 07 /zandkleurig/.

1 Toer. 5 V in MR
2 Toer. 5 Meerdering /10/
3-23 Toer. 10 V /21 toeren/
Vul de armen met iets meer dan de helft van het vulmateriaal. Vul het bovenste deel van de arm niet. Vouw het stuk dubbel en haak samen 5 V. Bevestig de draad, knip hem af en verberg hem in de binnenkant van de arm.

Benen /2 stuks/

Haken met garen YarnArt Jeans Nr. 07 /zandkleurig/
1 Toer. 6 V in MR
2 Toer. 6 Meerdering /12/
3-6 Toer. /4 toeren/ 12 V
7 Toer. /V, Meerdering/*6 /18/
Haak het eerste been en laat aan het einde een steek over, knip de overtollige draad af. Haak het tweede been op dezelfde manier als het eerste, maar knip de draad aan het einde niet af. 3 luchtlussen opzetten en de benen verbinden /steek in de steek van het eerste been en haak 1 V. Dit wordt de eerste V en begin met het haken van het lichaam.

Lichaam

Haken met garen YarnArt Jeans Nr. 07 /zandkleurig/
Vul het lichaam met vulmateriaal terwijl je haakt.
8 Toer. 18 V /eerste been/, 3 V /hv/, 18 V /tweede been/, 3 V /hv/, /42/
9 Toer. /6 V, Meerdering/*6 /48/
10-11 Toer. /2 toeren/ 48 V
12 Toer. /7 V, Meerdering/*6 /54/
13-14 Toer. /2 toeren/ 54 V
15 Toer. /8 V, Meerdering/*6 /60/
16-21 Toer. /6 toeren/ 60 V
22 Toer. /8 V, Minderen/*6 /54/
23-25 Toer. /3 toeren/ 54 V
26 Toer. /7 V, Minderen/*6 /48/
27-29 Toer. /3 toeren/ 48 V

30 Toer. /6 V, Minderen/*6 /42/

31-33 Toer. /3 toeren/ 42 V

34 Toer. /5 V, Minderen/*6 /36/

35-37 Toer. /3 toeren/ 36 V

38 Toer. /4 V, Minderen/*6 /30/

39-40 Toer. /2 toeren/ 30 V

41 Toer. Bevestig de armen aan het lichaam.

8 V /lichaam/, 6 V /aan de eerste arm/, 10 V /lichaam/, 6 V /aan de tweede arm/ /30/

Nadat het lichaam is gehaakt, moeten de benen aan elkaar worden genaaid, zodat ze naar elkaar gericht zijn. Borduur de teken met roze garen in een chaotisch patroon op.

1 hv haken, zet de draad vast en laat het lange uiteinde van de draad achter om te naaien.

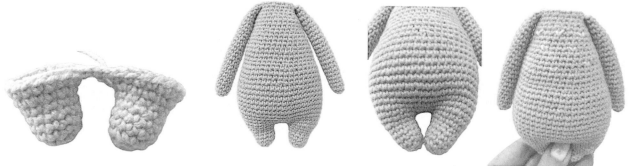

Montage
Ontwerp van de Ogen

1.Gebruik zandkleurig garen. Steek de naald in het hoofd en rijg de draad in het rechteroog aan de rechterkant tussen de rijen 15 en 16 /laat het onderste uiteinde van de draad onderaan hangen/ /foto 1/.

2.Steek vervolgens de naald van de linkerkant van het oog in dezelfde rijen en kom onderaan uit in de rijen 27-28 onder het snuitje /foto 2/.

3.Steek vervolgens de naald in een aangrenzende steek in dezelfde rij aan de linker- of rechterkant /foto 3/ en rijg de naald opnieuw in het oog aan de rechterkant. Steek vervolgens de naald naar links en verwijder de naald uit het hoofd /foto 4/. Trek de draad een beetje strakker, zodat het oog wat dieper komt te liggen. Het rechteroog is klaar.

4.Steek vervolgens de naald in het linkeroog aan de rechterkant /foto 5/ en doe hetzelfde als met het rechteroog /foto 6,7/. Maak een knoop en verberg de draden in het binnenste van het hoofd.

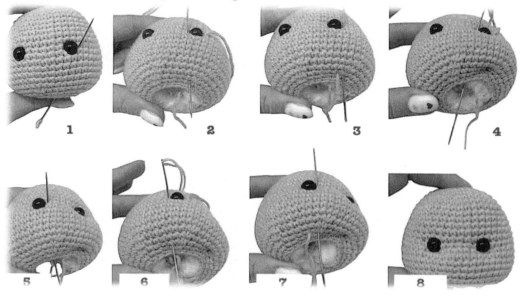

Borduren van het Oogwit

Neem een naald met witte draad, steek hem in de hoofde en breng hem vanuit het midden onder in het rechteroog weer naar buiten. Steek vervolgens de naald boven het oog, ook in het midden, en trek de naald terug onder de Hoofdes. Ga met het andere oog op dezelfde manier te werk als met het rechter.

Borduur de oogleden met zwart garen. Steek de naald uit de bovenkant van het oog. Steek de naald vervolgens in het midden van het oog. Het ooglid steekt 1Fe st buiten het oog uit. Steek de naald in de binnenkant van het oog. Ga met het andere oog op dezelfde manier te werk als met het rechteroog.

Naai de snuit op het hoofd en borduur de neus en de wenkbrauwen

Borduur met zwart garen de wenkbrauwen tussen de Toer 10 en 13 bij 6-7 V. Naai het snuitje tussen de Toer 16 en 23. Borduur de neus met zwart garen.

Naaien op hoorns en ertsen

Naai de hoorns tussen de Toer 6 en 11.
Oren
1. Naai de ertsen onder de horens.
2. Borduur de teken met roze garen.

Naai het hoofd aan het lichaam.

Panda en Teddybeer

Gereedschap en Materialen

1. Garen YarnArt Jeans /55% katoen, 45% acryl, 50g/160m/
Kleur Nr:
01 /wit/ - voor Panda
53 /zwart/ - voor de Panda
71 /bruin/ - voor de Teddybeer
2. Haaknaald Nr. 2,25 mm
3. Naald om te naaien
4. Ogen d=10 mm, 2 stuks
5. Opvulmateriaal /holle vezels of Synthepon/
6. Schaar

Afkortingen

V - Vaste
MR - Magische ring
L - Losse
Meerdering - **Meerdering**
Minderen - **Minderen**
Hv - Halve Vaste
/..../ .. keer - **dit betekent dat de in haakjes aangegeven bewerkingen zo vaak herhaald worden als achter * aangegeven.**
/X/ - **het getal tussen haakjes aan het einde van elke toer geeft het totale aantal vaste/lossen in die toer aan.**
Met het gebruik van de aangegeven materialen meet het speelgoed 18 cm in de hoogte.
Opmerking
Het speelgoed wordt in een spiraal gehaakt. Sluit de hv niet aan het einde van de toer en keer het werk niet om, tenzij anders aangegeven. Vul het speelgoed stevig zodat het zijn vorm niet verliest. U kunt elk ander garen en elke andere haaknaald gebruiken als u wilt, maar de grootte van het speelgoed kan veranderen.

Hoofd

Haak met garen YarnArt Jeans No.01 /wit/

1 Toer. 6 V in magische ring
2 Toer. 6 Meerdering /12/
3 Toer. /V, Meerdering/*6 /18/
4 Toer. /2 V, Meerdering/*6 /24/
5 Toer. /3 V, Meerdering/*6 /30/
6 Toer. /4 V, Meerdering/*6 /36/
7 Toer. /5 V, Meerdering/*6 /42/
8 Toer. /6 V, Meerdering/*6 /48/
9-11 Toer. 48 V /3 Toeren/
12 Toer. /7 V, Meerdering/*6 /54/
13-17 Toer. 54 V /5 Toeren/
18 Toer. /8 V, Meerdering/*6 /60/
19-25 Toer. 60 V /7 Toeren/
26 Toer. /8 V, Minderen/*6 /54/
27 Toer. 54 V
28 Toer. /7 V, Minderen/*6 /48/
29 Toer. 48 V
30 Toer. /6 V, Minderen/*6 /42/
31 Toer. 42 V
32 Toer. /5 V, Minderen/*6 /36/ *Wissel naar zwart garen
33 Toer. /4 V, Minderen/*6 /30/

Haak 1 hv, laat een lang einde /ongeveer 15 cm/ over om het hoofd aan het lichaam te naaien, en knip de draad af. Het hoofd hoeft nog niet gevuld te worden met vulmateriaal.

Vlekjes rond de Ogen

Haken met garen YarnArt Jeans Nr.53 /zwart/

6 L opzetten en vanaf de tweede steek van de haaknaald haken:

1 Toer. 4 V, 3 V /in één enkele steek/, 5 V /12/

2 Toer. Meerdering, 3 V, Meerdering * 3 keer, 3 V, Meerdering* 2 keer /18/

3 Toer. /2 V, Meerdering/*6 /24/

Laat het lange uiteinde van de draad liggen om te naaien en knip de draad af..

Oren /2 stuks/

Haken met garen YarnArt Jeans Nr.53 /zwart/

1 Toer. 6 V in MR

2 Toer. 6 Meerdering /12/

3 Toer. /V, Meerdering/*6 /18/

4 Toer. /2 V, Meerdering/*6 /24/

5 Toer. 24 V

Vouw het stuk dubbel en haak 12 V samen. Laat het lange uiteinde van de draad liggen om te naaien en knip de draad af.

Mond

Haken met garen YarnArt Jeans Nr.01 /wit/

1 Toer. 6 V in MR

2 Toer. 6 Meerdering /12/

3 Toer. /V, Meerdering/*6 /18/

4 Toer. /2 V, Meerdering/6 /24/

5 Toer. /3 V, Meerdering/ 6 /30/

6 Toer. 30 V

Laat het lange uiteinde van de draad liggen om te naaien en knip de draad af.

Armen /2 stuks/

Haken met garen YarnArt Jeans Nr.53 /zwart/
1 Toer. 6 V in MR
2 Toer. 6 Meerderingen /12/
3-26 Toer. 12 V /24 Toer/
Vul de armen met iets meer dan de helft van het vulmateriaal.
Vul het bovenste deel van de arm niet. Vouw het stuk dubbel en haak 6 V samen. Bevestig de draad, knip hem af en verberg hem in de binnenkant van de arm.

Staart

Haken met garen YarnArt Jeans Nr.01 /wit/
1 Toer. 6 V in MR
2 Toer. 6 Meerdering /12/
3 Toer. /V, Meerdering/*6 /18/
4-5 Toer. 18 V /2 Toer/
Laat het lange uiteinde van de draad liggen om te naaien en knip de draad af..

Benen /2 stuks/

Haken met garen YarnArt Jeans Nr.53 /zwart/
1 Toer. 6 V in MR

2 Toer. 6 Meerdering /12/

3-6 Toer. 12 V /4 Toer/

7 Toer. /V, Meerdering/*6 /18/

* Haak het eerste been en laat aan het einde een steek over, knip de overtollige draad af. Haak het tweede been op dezelfde manier als het eerste, maar knip de draad aan het einde niet af. 3 L opzetten en de benen verbinden /steek in de steek van het eerste been en haak 1 V. Dit wordt de eerste V en begin met het haken van het lichaam.

Lichaam

Haken met garen YarnArt Jeans Nr.53 /zwart/

Vul het lichaam met vulmateriaal terwijl u haakt.

8 Toer. 18 V /eerste been/, 3 V /ketting/, 18 V /tweede been/, 3 V /ketting//42/

9 Toer. /6 V, Meerdering/*6 /48/

10-11 Toer. 48 V /2 Toer/

12 Toer. /7 V, Meerdering/*6 /54/

13-14 Toer. 54 V /2 Toer/

15 Toer. /8 V, Meerdering/*6 /60/

*Verander het garen in wit

16-21 Toer. 60 V /6 Toer/

22 Toer. /8 V, Minderen/*6/54/

23-25 Toer. 54 V /3 Toer/

26 Toer. /7 V, Minderen/*6/48/

27-29 Toer. 48 V /3 Toer/

30 Toer. /6 V, Minderen/*6/42/

31-33 Toer. 42 V /3 Toer/

34 Toer. /5 V, Minderen/*6/36/

35-37 Toer. 36 V /3 Toer/

*Verander het garen in zwart

38 Toer. /4 V, Minderen/*6/30/

39-41 Toer. 30 V /3 Toer/

42 Toer. Bevestig de armen aan het lichaam /Foto 1/

7 V /lichaam/, 6 V /van eerste arm/ 10 V /lichaam/, 6 V /van tweede arm/, V /30/

Haak 1 hv, zet de draad vast en laat het lange uiteinde van de draad over om aan te naaien..

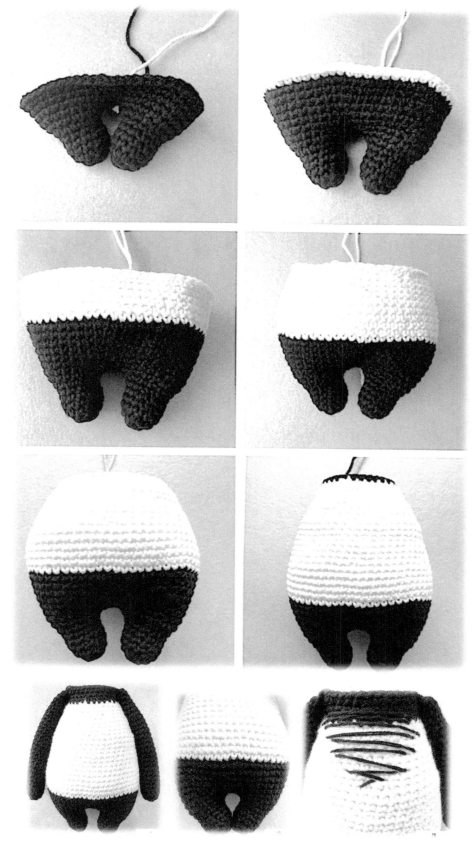

Na het haken van het lichaam naait u de benen aan elkaar zodat ze naar elkaar toe wijzen /foto 2/. Borduur de borst met zwart garen /foto 3/.

Montage
Ontwerp van de Ogen

1. Vul het hoofd met vulmateriaal en vorm het.
2. Plaats de ogen in de vlekken rond de ogen. Plaats de vlekken tussen de toeren 13 en 23. De afstand tussen hen is ongeveer 4-5 V. De vlekken rond de ogen zijn schuin. Belangrijk: Als je halve pareloogjes gebruikt, kun je ze later opplakken.
3. Plaats de ogen zelf en bevestig ze tussen de toeren 16 en 17 op een afstand van 7 V.
4. Als de vlekken zijn vastgenaaid, moet je het hoofd uiteindelijk vullen met vulmateriaal en het in de gewenste vorm brengen.

Naai het mondje, borduur de neus en wenkbrauwen

1. Naai het mondje tussen de toeren 17 en 29.
2. Borduur de wenkbrauwen met zwart garen tussen de toeren 10 en 13 op 8 V.
3. Borduur met zwart garen de neus en mond.

1. Neem de witte draad, steek de naald in het hoofd /Foto 1/ en steek deze in het rechteroog aan de rechterkant in het midden /Foto 2/. Laat het begin van de draad aan het onderste uiteinde.
2. Steek de naald van de linkerkant van het oog in het midden /Foto 3/ en rijg het onderaan in toer 30-31 onder het mondje uit /Foto 4/. Trek de draad iets aan, zodat hij onder het oog loopt, zodat hij niet zichtbaar is /Foto 5/.
3. Steek vervolgens de naald in een aangrenzende steek in dezelfde toer aan de linker- of rechterkant /Foto 6/ en rijg de naald weer in het rechteroog /Foto 7/. Rijg vervolgens de naald aan de linkerkant /Foto 8/ en breng de naald naar de binnenkant van het hoofd /Foto 9/. Trek de draad een beetje aan, zodat het oog iets dieper gaat. Het rechteroog is klaar.

4. Steek vervolgens de naald weer in het hoofd /Foto 10/ en rijg het linkeroog aan de rechterkant /Foto 11/. Ga op dezelfde manier te werk als bij het rechteroog /Foto 12-16/. Knoop een knoop en verberg de draden in het hoofd.

5. Als je lijmogen gebruikt, plak ze dan na het aantrekken op.

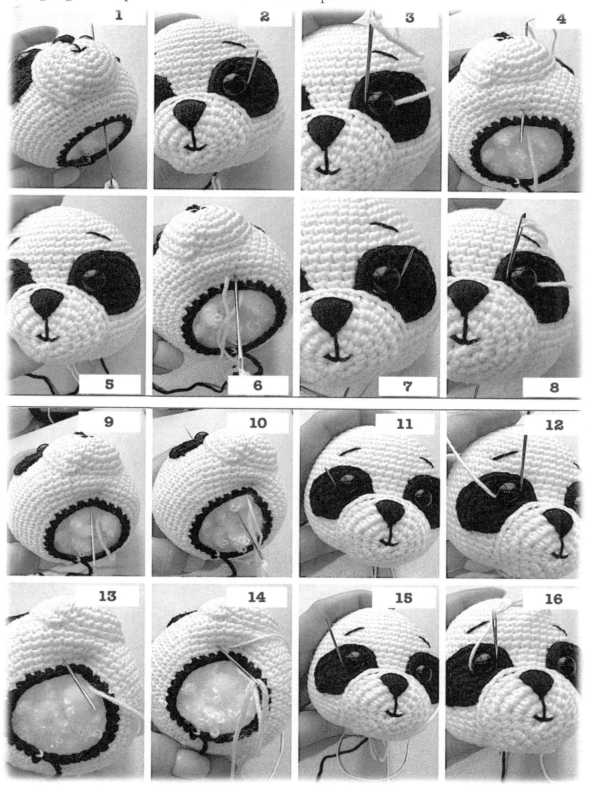

Borduren van het Oogwit

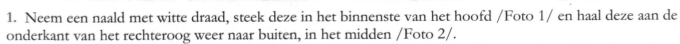

1. Neem een naald met witte draad, steek deze in het binnenste van het hoofd /Foto 1/ en haal deze aan de onderkant van het rechteroog weer naar buiten, in het midden /Foto 2/.

2. Steek vervolgens de naald boven het oog in, ook in het midden /Foto 3/, en trek de naald onderaan het hoofd terug /Foto 5/.

3. Ga met het andere oog op dezelfde manier te werk als met het rechteroog. / Foto 6,7,8/

Naai de oren tussen de toeren 5 en 17.

Naai het uiteinde tussen de toeren 12 en 19 in het midden.

Naai het hoofd aan het lichaam

De **Teddybeer** is op dezelfde manier gehaakt als de Panda.

Materialien

1. Garen YarnArt Jeans /55% katoen, 45% acryl, 50g/160m,
Kleur nr:
71 /bruin/ - voor de teddybeer
07 /zandkleurig/ voor borstborduurwerk
2. Haaknaald nr. 2 mm
3. Ogen d=8 mm, 2 stuks
*De ogen worden geplaatst tussen de toeren 16 en 17, net als bij de panda.
Naai het mondje tussen de toeren 17 en 18 op een afstand van 7 vaste steken. Oogontwerp, borduursels op de snuit en wenkbrauwen, alles op dezelfde manier als bij de panda.

Haas

Gereedschap en Materialen

1. Garen YarnArt Jeans /55% katoen, 45% acryl, 50g/160m/
Kleur nr:
46 /grijs/ - basis 53 /zwart/ - voor wenkbrauwen 01 /wit/ - voor de ogen 69 /groen/ - voor de steel 19 /lila/
- voor de bloem 72 /paars/ - voor de bloem
2. Haaknaald nr. 2,25 mm
3. Naald voor het naaien
4. Ogen d=10 mm, 2 stuks
5. Neus 10 mm
6. Vulmateriaal /holle vezels of synthepon/
7. Schaar

Afkortingen

hv - **Halve Vaste**

V – **Vaste**

MR – **Magische Ring**

L – **Losse**

Meerdering – **Meerdering**

Minderen – **Minderen**

/..../ .. **keer** - dit betekent dat de in haakjes aangegeven bewerkingen zo vaak herhaald worden als achter * aangegeven.

/X/ - het getal tussen haakjes aan het einde van elke toer geeft het totale aantal vaste/lossen in die toer aan.

Met de aangegeven materialen is het speelgoed 18cm hoog /met Oren 24cm/.

Opmerking

Het speelgoed wordt in een spiraal gehaakt. Voeg de sl st aan het einde van de rij niet samen en keer het werk niet, tenzij dit wordt aangegeven. Vul het speelgoed goed op zodat het zijn vorm niet verliest.

U kunt elk ander garen en haaknaald gebruiken als u wilt, maar de grootte van het speelgoed kan veranderen..

Hoofd

Haken met YarnArt Jeans garen nr.46 /grijs/

Vul de kop met vulmateriaal terwijl u haakt.

1 Toer. 6 V in MR

2 Toer. 6 Meerdering /12/

3 Toer. /V, Meerdering/*6 /18/

4 Toer. /2 V, Meerdering/*6 /24/

5 Toer. /3 V, Meerdering/*6 /30/

6 Toer. /4 V, Meerdering/*6 /36/

7 Toer. /5 V, Meerdering/*6 /42/

8 Toer. /6 V, Meerdering/*6 /48/

9-11 Toer. 48 V /3 rijen/

12 Toer. /7 V, Meerdering/*6 /54/

13-15 Toer. 54 V /3 rijen/

16 Toer. /8 V, Meerdering/*6 /60/

17-21 Toer. 60 V /5 rijen/

22 Toer. /8 V, Minderen/*6 /54/

23 Toer. 54V

24 Toer. /7 V, Minderen/*6 /48/

25 Toer. 48 V

26 Toer. /6 V, Minderen/*6 /42//

27 Toer. 42 V

28 Toer. /5 V, Minderen/*6 /36/

29 Toer. /4 V, Minderen/*6 /30/ 1hv haken, laat een lang uiteinde /ongeveer 15 cm/ over om de kop aan het lichaam te naaien, en knip de draad af.

Plaats de ogen tussen de rijen 15 en 16 op een afstand van 7 V. Plaats de veiligheidsneus tussen rijen 17 en 18.

Oren /2 stuks/

Haken met YarnArt Jeans garen nr.46 /grijs/

1 Toer. 6 V in MR

2 Toer. 6 Meerderingen /12/

3 Toer. 12 V

4 Toer. /V, Meerdering/*6 /18/

5-6 Toer. 18 V /2 rijen/

7 Toer. /2 V, Meerdering/*6 /24/

8-10 Toer. 24 V /3 rijen/

11 Toer. /3V, Meerdering/*6 /30/
12-15 Toer. 30 V /4 rijen/
16 Toer. /3V, Minderen/*6 /24/
17-19 Toer. 24 V /3 rijen/
20 Toer. /2V, Minderen/*6 /18/
21-22 Toer. 18 V /2 rijen/
Vouw het werk doormidden en haak 9 V samen, vouw dan opnieuw doormidden en haak aan beide zijden weer 4 V. Laat het lange uiteinde van de draad staan om de oren aan de kop te naaien..

Armen /2 stuks/

Haken met YarnArt Jeans garen nr.46 /grijs/
1 Toer. 6 V in MR
2 Toer. 6 Meerderingen /12/
3-26 Toer. 12 V /24 rijen/
Vul de armen met iets meer dan de helft van het vulmateriaal. Vul het bovenste deel van de arm niet. Vouw het stuk dubbel en haak samen 6 V. Bevestig de draad, knip deze af en verberg deze in de binnenkant van de arm..

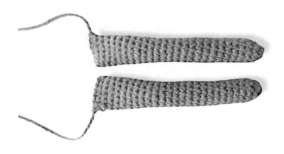

Benen /2 stuks/

Haken met YarnArt Jeans garen nr. 46 /grijs/
Vul het lichaam met vulmateriaal terwijl je haakt.
1 Toer. 6 V in MR
2 Toer. 6 Meerderingen /12/
3-6 Toer. 12 V /4 rijen/
7 Toer. /V, Meerdering/*6 /18/
Haak het eerste been en laat aan het einde een steek over, knip de overtollige draad af. Haak het tweede been op dezelfde manier als het eerste, maar knip de draad aan het einde niet af. Haak 3 losse en verbind de benen

/steek in de steek van het eerste been en haak 1 V. Dit wordt de eerste V en begin met het haken van het lichaam.

Lichaam

Haken met YarnArt Jeans garen nr. 46 /grijs/

8 Toer. 18 V /eerste been/, 3 V /hv/, 18 V /tweede been/, 3 V /hv/ /42/

9 Toer. /6 V, Meerdering/*6 /48/

10-11 Toer. 48 V /2 rijen/

12 Toer. /7 V, Meerdering/*6 /54/

13-14 Toer. 54 V /2 rijen/

15 Toer. /8 V, Meerdering/*6 /60/

16-21 Toer. 60 V /6 rijen/

22 Toer. /8 V, Minderen/*6/54/

23-25 Toer. 54 V/3 rijen/

26 Toer. /7 V, Minderen/*6/48/

27-29 Toer. 48 V/3 rijen/

30 Toer. /6 V, Minderen/*6/42/

31-33 Toer. 42 V/3 rijen/

34 Toer. /5 V, Minderen/*6/36/

35-37 Toer. /3 rijen/ 36 V 38 Toer. /4 V, Minderen/*6/30/

39-40 Toer. 30 V/2 rijen/

41 Toer. Armen aan het lichaam bevestigen

7 V /lichaam/, 6 V /uit eerste arm/

10 V /lichaam/, 6 V /uit tweede arm/, V /30/

1 hv haken, zet de draad vast en laat het lange uiteinde van de draad staan om te naaien.

Nadat het lichaam is gehaakt, moeten de benen zo worden genaaid dat ze naar elkaar toe gericht zijn..

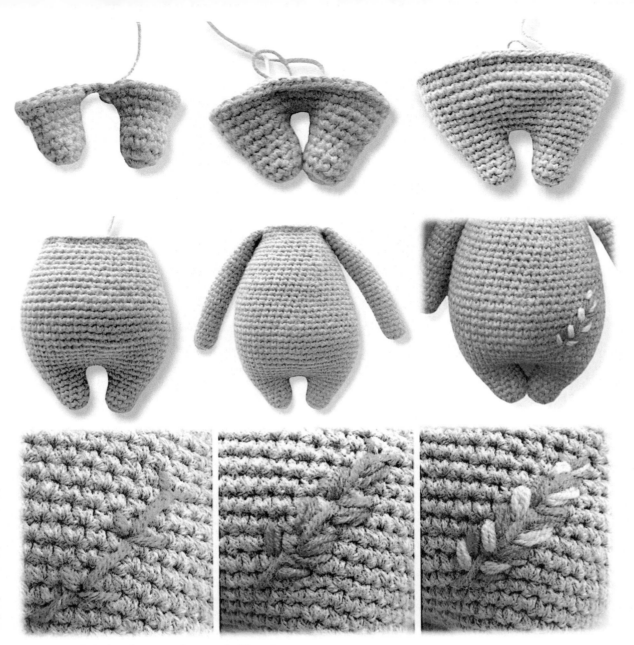

U kunt een lavendeltak of een ander motief borduren.

Montage
Ontwerp van de Ogen

1.Gebruik grijze draad. Steek de naald in het hoofd en rijg de draad in het rechteroog aan de rechterkant tussen de rijen 15 en 16 /laat het onderste uiteinde van de draad onderaan hangen/ /Foto 1,2/.
Steek dan de naald aan de linkerkant van het oog in dezelfde rijen en kom onderaan uit in de rijen 27-28 onder het mondje /Foto 3.4/.

2.Steek vervolgens de naald in een aangrenzende steek in dezelfde rij links of rechts /Foto 5/ en rijg de naald opnieuw in het oog aan de rechterkant /Foto 6/.

3.Steek daarna de naald naar links /Foto 7/ en verwijder de naald uit het hoofd /Foto 8/. Trek de draad een beetje aan zodat het oog wat dieper komt te liggen. Het rechteroog is klaar.

4.Steek vervolgens de naald in het linkeroog aan de rechterkant en doe hetzelfde als met het rechteroog. Maak een knoop en verberg de draden in het hoofd.

1.Neem een naald met witte draad, steek deze in de binnenkant van het hoofd /Foto 1/ en haal de naald aan de onderkant van het rechteroog weer naar buiten /Foto 1/.

2.Steek vervolgens de naald boven het oog in het midden in en trek de naald onder het hoofd terug /Foto 1,2/.

3.Doe hetzelfde met het andere oog als met het rechteroog.

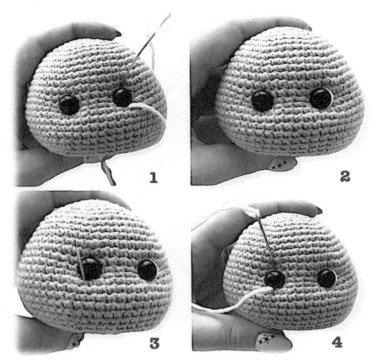

Nase und augenbrauen sticken

Steek de naald met het zwarte garen in het hoofd en haal deze tussen de rijen 18 en 19 in het midden tussen de ogen door. Ga vier rijen naar beneden en steek de naald in het hoofd. Bevestig en knip de overtollige draad af en verberg deze in het hoofd. Plaats de neus of plak deze op. Borduur de wenkbrauwen met zwart garen tussen de rijen 9 en 12 bij 6 V.
Naai de oren tussen de rijen 1 en 4, in het midden op het hoofd.

Het hoofd aan het lichaam naaien. Maak de staart van een pompon.

Printed by Amazon Italia Logistica S.r.l.
Torrazza Piemonte (TO), Italy

53774374R00045